Augenschmaus

Sprichwörter bildlich gesehen

von Ulrich Trabandt

TWENTYSIX – der Self-Publishing-Verlag
Eine Kooperation zwischen der Verlagsgruppe Random House
und BoD – Books on Demand

Herstellung und Verlag:
BoD – Books on Demand, Norderstedt

© 2020 Trabandt, Ulrich

ISBN: 9783740762827

Jeder Mensch benutzt, ohne sich darüber bewusst zu sein, tagtäglich in seinen Gesprächen Sprichwörter (ganze Sätze) oder Redewendungen (Teil eines Satzes). Zusammen mit den „Geflügelten Worten" gibt es hunderte von bildhaften Spruchweisheiten.

Dieser Bildband wählt aus der Vielzahl von Sprichwörtern und Redewendungen einige besonders markante aus und überträgt sie aus dem Wörtlichen ins Bildhafte. Manches ist hintersinnig oder humorvoll dargestellt.
Wer die Sprüche kennt, kann zum Bild den Text vervollständigen.

Er hat sein ……… ………

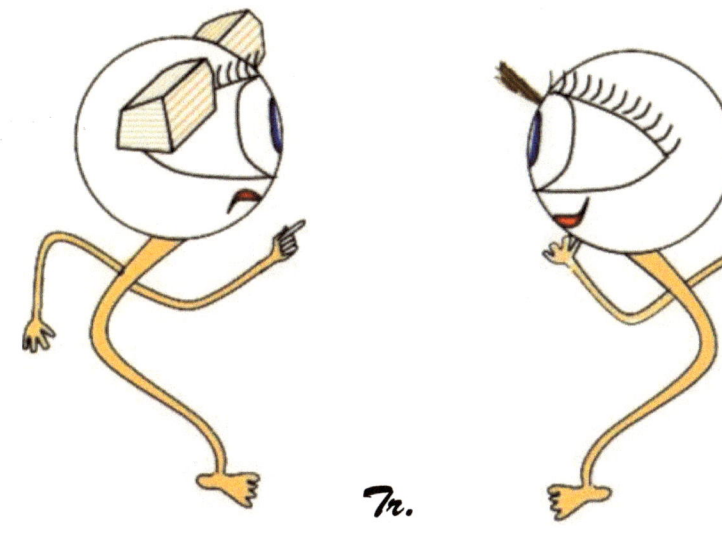

Du siehst den Splitter

" ....

... . " ....

Die Katze lässt ………..

Die Augen …….. …

Die Axt im Haus ……… … …………

Verball ……..

Flucht .....

Wer A sagt ….. ….. . …..

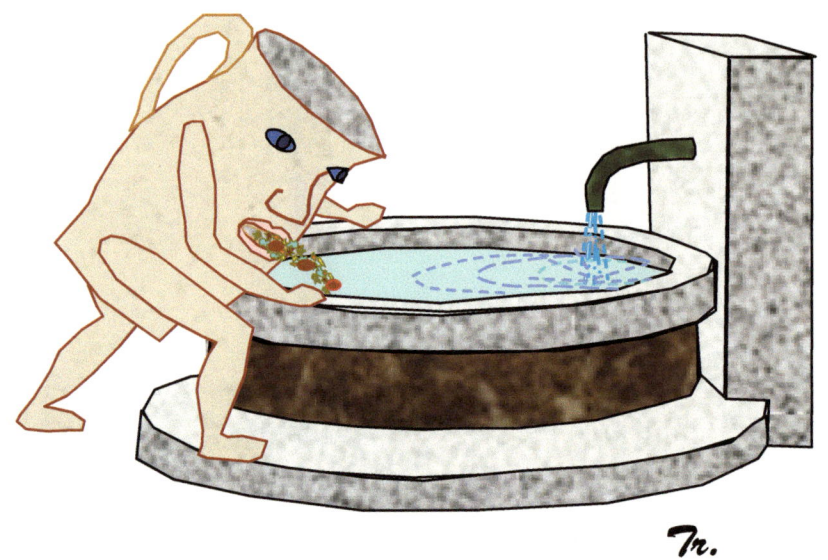

Der Krug geht solange

... .

Lügen haben …….……..

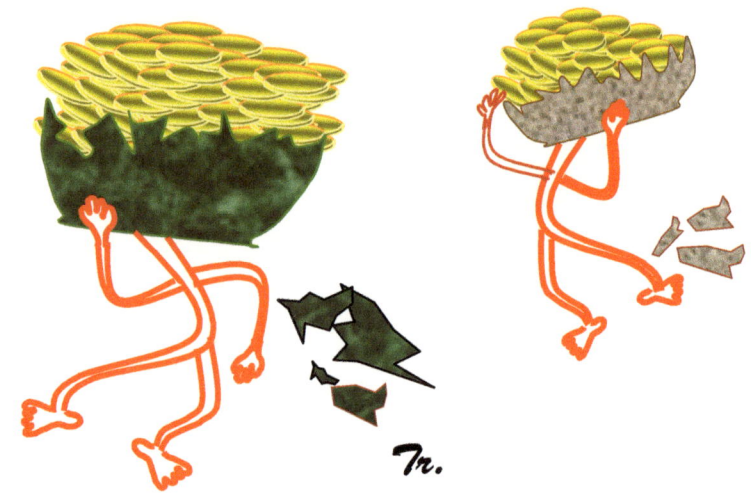

Scherben ....

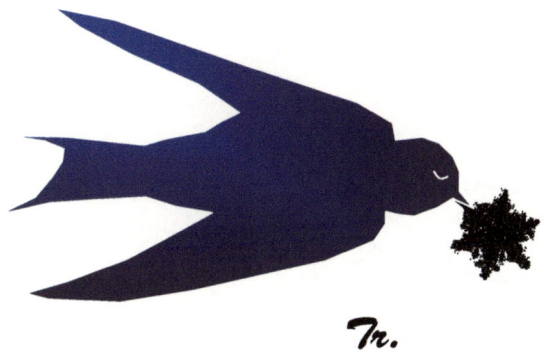

Eine Schwalbe

....

Der frühe Vogel ….. … ….

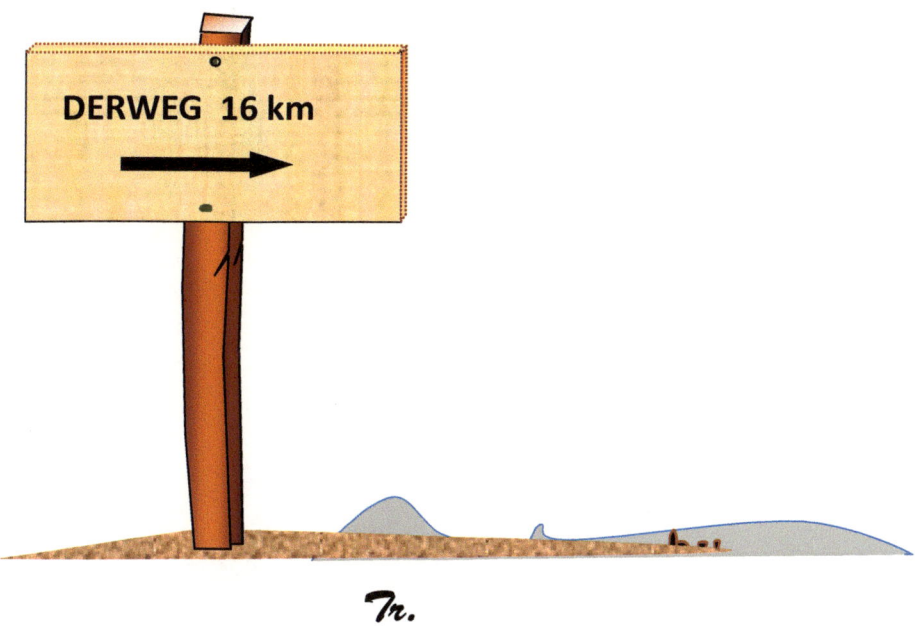

Derweg ... ...

Wie gewonnen ....

Wo ein Wille ist, … … … …

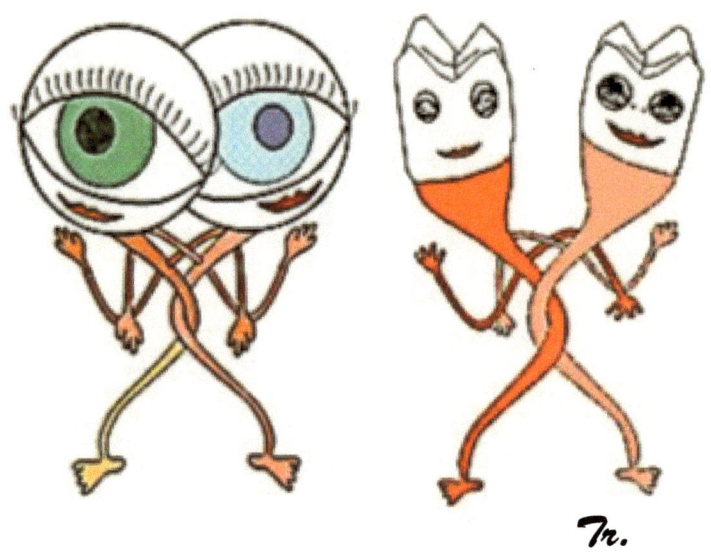

Auge um Auge … ….. .. ….

Die Wände ….. …..

Auf den ....

Wer nicht hören will, …. ……

Sich den Mund …….. …..

Langer Rede ....

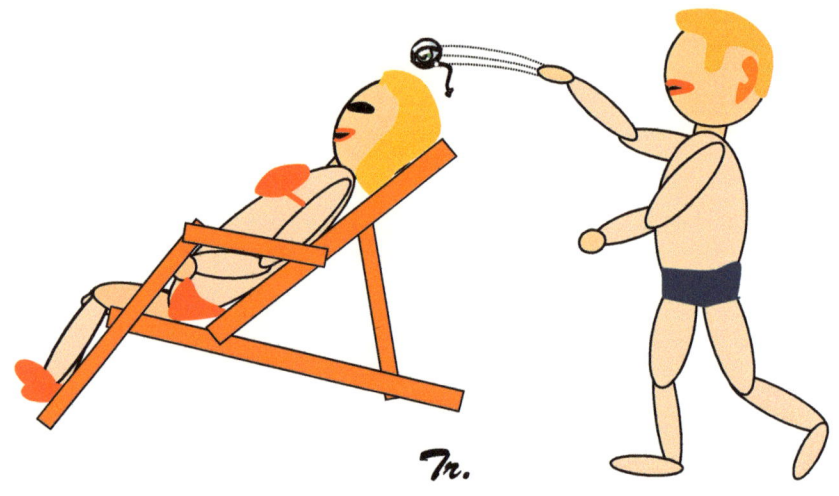

Ein Auge … …….. ……

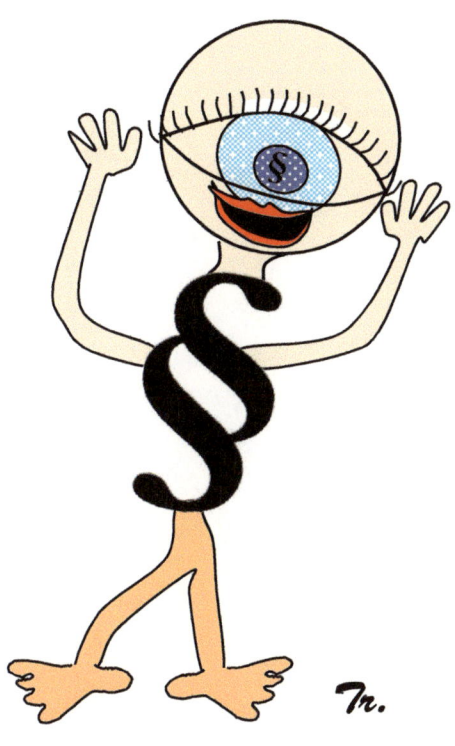

Da lacht … …. … ……..

Der Mensch denkt … …. …..

Die Wahrheit …… ……….

Es ist noch kein Meister … … … . … … ..

Alles unter den ....

An der Nase ….. …….

Ein blindes Huhn ……. …. … ….

Ober ....

Er hat … ….. … … ….

Übermut ……… …

Tr.

Müssiggang ist …..………. ……

Der Geist ist willig ....

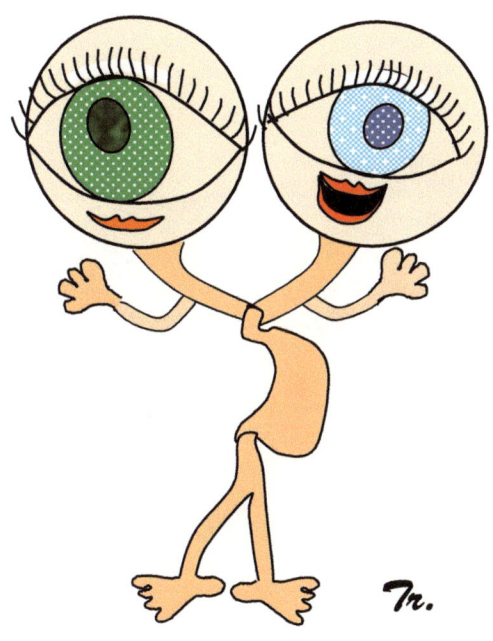

Die Augen sind ……. … … …..

Mit Kanonen ....

Der Vogel, der … …… …..,

… …. „ ….. … …..

Glaube …….. …..

Über seinen ……... ……..

Ein Unglück ….. ………. ……